Mit Wilhelm Busch im Garten

Mit Wilhelm Busch im Garten

Eine Blütenlese
von Hans Stengel

Droste Verlag

CIP-Titelaufnahme der Deutschen Bibliothek
Busch, Wilhelm:
Mit Wilhelm Busch im Garten : eine Blütenlese / [Wilhelm Busch].
Von Hans Stengel. – Düsseldorf : Droste, 1990
(Drostes heitere Bibliothek)
ISBN 3-7700-0875-8
NE: Stengel, Hans [Hrsg.]; HST

Gesamtherstellung: Clausen & Bosse, Leck

Inhalt

Vorwort 7

Aus den Bildergeschichten 17

Gedichte und Zeichnungen 93

Aus Briefen und Selbstzeugnissen 123

Anhang

Zeichnungen, Texte und Gedichte 144
Briefempfänger 144 / Wilhelm Busch-Ausgaben 146
Wilhelm Busch-Literatur 146

Vorwort

Wilhelm Busch, zumindest der Wilhelm Busch der Bildergeschichten, gehört zu den wenigen Künstlern, denen es gelungen ist, den Leser, unabhängig von dessen Lebensalter oder dessen Bildungsstand, unweigerlich in seinen Bann zu ziehen. Hierzu bedarf es keiner Voraussetzungen und keiner Interpretationen. Busch ist der eigentliche Klassiker der Deutschen und der wohl meistzitierte deutschsprachige Dichter. Für den Schriftsteller Otto Gmelin ist er „einer der gewandtesten und volkshaftesten Kenner und Beherrscher der deutschen Sprache. Er hatte ein Gefühl für die Möglichkeiten des Humors und der Prägnanz im Ausdruck, wie es nur wenige haben, und er blieb bei alledem immer ganz nah an der Art des Volkes selbst und ganz schlicht in der Empfindung. Dies war es dann wohl auch, was ihn in den weitesten Schichten unseres Volkes bekannt und beliebt gemacht hat. Es gibt Wendungen und Verse in seinem Werk, die unverlierbares Sprachgut von uns allen geworden sind. Aber zu dem Sprachlichen und Zeichnerischen kommt entscheidend das Menschliche, das über die Form hinweg Menschen sehen und sie in einer Atmosphäre gütigen, wenn auch oft derben Humors umformen, ja geradezu neuschaffen konnte. Ich glaube, daß wir ihm, da wir vieles von ihm schon als Kinder und junge Leute in uns aufgenommen haben, mehr danken, als wir selbst wissen und angeben können." Und der Schriftsteller Manfred Hausmann schreibt: „Jedesmal, wenn ich mit meinen Kindern über ein Wilhelm Busch-Album gerate, erfüllt mich die Tatsache, daß die Kinder sich in der gleichen Weise wie ich selbst – wenn auch aus anderen Gründen – daran entzücken, mit Bewunderung und Ehrfurcht. So verschiedenartigen Seelen, auch wenn sie, jede auf ihre Weise, die höchsten Ansprüche stellen, in ein und demselben Werk etwas wirklich Packendes und Bewegendes geben zu können, das scheint mir ein Zeichen äußersten Künstlertums zu sein."

Wer war dieser Mensch Busch? Um ihn etwas genauer kennenzulernen, sollte man nicht nur seine bekannten Bildergeschichten lesen, sondern auch seine zahlreichen Gedichte und seine beiden Prosaerzählungen („Eduards Traum" und „Der Schmetterling"). Einen tieferen Einblick in seine Persönlichkeit und in die Eigenarten seines Wesens erhält man jedoch erst nach dem eingehenden Studium seiner über 1700 bisher bekannten Briefe. Er selbst hielt sich, ganz zu unrecht, für einen nur mäßigen Briefschreiber: „Groß war auch seine Nachlässigkeit, oder Schüchternheit, im schriftlichen Verkehr mit Fremden", behauptet er in seiner Selbstbiographie. „Der gewandte Stilist, der seine Korrespondenten mit einem zierlichen Strohgeflechte beschenkt, macht sich umgehend beliebt, während der Unbeholfene, der seine Halme aneinanderknotet wie der Bauer, wenn er Seile bindet, mit Recht befürchten muß, daß er Anstoß erregt. Er zögert und vergißt."

In Wirklichkeit sind Buschs Briefe, besonders an Frauen wie Johanna und Nanda Keßler, Maria Anderson oder Grete Meyer, kleine stilistische Meisterwerke, angefüllt mit treffenden und spritzigen Formulierungen in eben solcher Vollkommenheit wie wir sie aus seinen Werken kennen. Seine Briefe waren für ihn schriftliche Gespräche unter vier Augen. Sie helfen uns heute, den Menschen Busch besser zu verstehen und zu erforschen. Sie geben Auskunft über seinen Alltag und seine Arbeit, seinen Freundeskreis und seine Vorlieben sowie die ihn beschäftigenden vielfältigen Probleme. Sie beleuchten das Leben dieses niedersächsischen Malers, Zeichners und Dichters von den unterschiedlichsten Seiten.

Als Schöpfer vieler populärer Figuren und als Verfasser zahlreicher meist lustiger Bild-Vers-Erzählungen, in denen das menschliche Alltagsleben und die menschlichen Schwächen mit knappen Strich und knappen Reim dargestellt werden, ist Wilhelm Busch der breiten Öffentlichkeit auch noch über 80 Jahre nach seinem Tod wohl bekannt und hoch geschätzt. Die immer wieder neu aufgelegten und neu zusammengestellten Bildergeschichten, Busch-Alben und Sammelausgaben beweisen es. Nur wenige seiner Leser wissen jedoch etwas über die Person Wilhelm Busch, über sein Leben und seine Wesensart. Selbst Verwandten und Freunden blieb er in vieler Hinsicht zeitlebens unbekannt und dadurch auch vielfach verkannt. Er selbst hat dazu nicht unwesentlich beigetragen. Busch lebte sehr zurückgezogen und ließ sich nicht gern ins Herz schauen. Er liebte das „klimperkleine Plätzchen, vom Weltall abgeschieden, gemütlich erwärmt und feierlich beleuchtet“, um dort „über die Peinlichkeit der Welt ein wenig zu triumphieren“ und „sich in aller Stille ein wenig die Seele zu schneuzen.“ Den Bannkreis, den er um sich errichtete und in den er sich immer wieder zurückzog, konnten selbst gute Freunde nur schwerlich überwinden. Eins jedoch wissen wir über Wilhelm Busch recht genau: Er war ein großer Natur- und Gartenfreund. Diese Liebe zur anorganischen und organischen Welt in all ihren Erscheinungen prägte sein ganzes Leben:

„In freier Luft, in frischem Grün,
Da, wo die bunten Blümlein blühn,
In Wiese, Wäldern, auf der Heide,
Entfernt von jedem Wohngebäude,
Auf rein botanischen Gebiet,
Weilt jeder gern, der voll Gemüt."

Sein Onkel und Erzieher Georg Kleine hatte den jungen Busch schon frühzeitig zum Beobachten der Natur angehalten und in ihm die Liebe zur lebenden Kreatur geweckt und gefördert. Dieser als Pastor in Ebergötzen bei Göttingen und später in Lüthorst am Solling tätige Bruder seiner Mutter war ein leidenschaftlicher Bienenzüchter und Bienenforscher. Er war mehrere Jahre Herausgeber des „Bienenwirthschaftlichen Centralblattes" und ein eifriger Verfechter der von seinem Amtsbruder, den oberschlesischen Pfarrer Johann Dierzon (1811–1906) bei der Honigbiene beobachteten, zunächst jedoch noch heftig umstrittenen Parthenogenese oder Jungfernzeugung, d. h. der Entwicklung der Drohnen aus unbefruchteten Eiern.

Auch Wilhelm Busch hatte „die Bienenzucht allerdings gründlich gelernt" und sogar einmal erwogen, „nach Brasilien auszuwandern, dem Eldorado der Imker", doch blieb dieser Wunsch „unerfüllt. Daß ich überhaupt praktischer Bienenzüchter geworden", schreibt er in seiner Selbstbiographie, „ist freundlicher Irrtum". Seine intensive Beschäftigung mit dem „wundersamen Leben des Bienenvolkes" fand ihren Niederschlag in zwei Aufsätzen „Kennen die Bienen ihren Herrn?" und „Unser Interesse an den Bienen“ in der von seinem Onkel redigierten Fachzeitschrift sowie – eher bekannt – in der Bildergeschichte „Schnurrdiburr oder Die Bienen“, einer Naturgeschichte in lustigen Versen und Zeichnungen. Der dort dargestellte Hochzeitsflug der Bienenkönigin gehört zu den schönsten seiner Illustrationen. „Bei Gelegenheit dieser naturwissenschaftlichen Liebhaberei wurde unter anderem auch der Darwin gelesen, der unvergessen blieb, als ich mich nach Jahren mit Leidenschaft und Ausdauer in den Schopenhauer vertiefte. Die Begeisterung für dieselben hat etwas nachgelassen. Ihr Schlüssel scheint mir wohl zu mancherlei Türen zu passen in dem verwunschenen Schlosse dieser Welt, nur nicht zur Ausgangstür.“ Auch Darwins Abstammungslehre, 1859 veröffentlicht, hat ihren Niederschlag in Buschs Werken gefunden, so in einem Gedicht in der „Kritik des Herzens“ über das Verhalten des Menschen nach reichlichem Alkoholgenuß („Sie stritten sich beim Wein herum ...“) sowie in der Bildergeschichte „Fipps der Affe“, in der die Titelfigur u. a. einen existentiellen „Kampf ums Dasein“ mit den weiteren Tieren des Hauses, nämlich Hund und Katze, austragen muß.

So lange es ihm vergönnt war, unternahm Busch fast täglich einsame und oft auch ausgedehnte Spaziergänge in Garten, Wald und Flur. Dort konnte er nach Herzenslust die unbelebte und belebte Natur beobachten und skizzieren: den Himmel mit seinen Wolken, die vielfältigen Wettererscheinungen, das Wachsen und Gedeihen der Pflanzen und das bunte und mannigfache Leben der Tiere. Eine praktische Anwendung fand seine Naturverbundenheit im Garten. Busch liebte den Garten und die Gartenarbeit, das Graben, Hacken, Jäten und Pflanzen sehr. In seinem Geburts- und langjährigen Wohnort Wiedensahl, einem Marktflecken zwischen Stadthagen und Loccum im damaligen Königreich Hannover, wie auch später in seinem Altersruhesitz Mechtshausen in der Nähe von Sessen am Harz, betreuten er und seine Angehörigen stets einen größeren Hausgarten. Hier betätigte er sich, wo er nur konnte, mit der Aufzucht und Pflege der Nutz- und Zierpflanzen sowie, soweit vorhanden, der Haltung der Haustiere. Hier führte er manchen erfolgreichen, aber auch manchen erfolglosen Kampf gegen das Unkraut, die Gartenschädlinge und die Trockenheit im Hochsommer. Hier verfolgte er, wie auch in der freien Natur, das Wachsen und Gedeihen der Pflanzen von der Saat oder dem Erwachen im Frühjahr bis zur Ernte oder der Winterruhe. Hier beobachtete er das emsige Treiben der Tiere, insbesondere das seiner Lieblinge, der „geflügelten Musikanten", seien es nun Staare, Drosseln, Finken, Rotschwänzchen, Grünlinge oder Hänflinge. Aber auch der Kleinlebewelt, den Schmetterlingen, Käfern und dem „Gewürm" galt seine ganze Aufmerksamkeit: „Eine winzige Schlupfwespe, sah ich, legt ihre Eier in die lebenden Blattläuse, obgleich diese dabei gar unwillig ablehnend mit den Bürzel wackelten." Sie waren Mitstreiter im Kampf gegen die „Malefizblattläuse", die sich vor allem an seinen Lieblingspflanzen, den Rosen, gütlich taten. „Erst grollt man" diesem Ungeziefer, „dann prüft man sich selbst, dann denkt man gelinder" ob dieser unliebsamen Behandlung; „Sie können mir leid thun, beinah."

Ärgerlich und „Weniger erfreulich ist manch andres Gethier. Bis dato neckten mich besonders die Schnecken, jetzt viel mehr noch die Erdratten." Selbst „Die Moral der Vegetabilien, so harmlos sie aussehn“, ist „nicht vollkommen tadellos. Das Zeug ist eigenwillig; dabei gönnt eins dem andern nichts, weder über noch unter der Erde.“

Täglich beseh ich im Garten die träumenden Pflanzen“, schreibt Busch einmal an Johanna Keßler, „Sie leben noch, erwachen wieder, wenn der Frühling kommt, und so nehm ich sie als Bild unseres eigenen Daseins“, und, 14 Jahre früher, „So schau ich denn (falls mich die Raupen an den Rosen nicht ärgern) recht mild und gemüthlich hinweg über den Gartenzaun, auf Menschen, Vieh und Feld und Wald, und danke meinem Schöpfer, daß es mir beßer geht, als ich's verdient habe.“

Die Familie Keßler hatte außer ihrem Garten am Haus im Frankfurter Westend noch einen weiteren stattlichen Garten mit einem „Birnen- und Apfelhain“ auf der Ginnheimer Höhe. Busch weilte dort des öfteren während seiner Frankfurter Aufenthalte und seines Frankfurter Wohnsitzes (von 1870 bis 1872) im geselligen Kreis der Frankfurter Freunde, half mit bei der Veredlung der Obstbäume und beriet Frau Keßler auch brieflich wiederholt in Fragen der Gartenpflege.

Buschs Freude am und im Garten fand in vielen Briefen an Verwandte, Freunde und Bekannte ihren Niederschlag. In ihnen berichtete er über seine Tätigkeiten, seine Beobachtungen, seine selbsterlebten und selbsterlittenen Erfahrungen sowie seine Hoffnungen und Enttäuschungen in diesem Metier. Der Bilderreichtum seiner Briefe zeigt sich, wie die folgenden Seiten dokumentieren, besonders in der Schilderung der Natur und des pflanzlichen und tierischen Lebens im Garten. Hier war Busch ein kaum zu überbietender Meister seines Faches. „Jede Sprache ist Bildersprache“ heißt es in einem seiner zahlreichen Briefe an Maria Anderson, der in Wiesbaden lebenden niederländischen Schrifststellerin, mit der Wilhelm Busch in den Jahren 1875 bis 1878 einen regen und inhaltsreichen „Gedankenaustausch ... über den platonischen Zaun“ führte.

Bis zu seinem Tod nahm Busch an allem in Haus und Garten lebhaften Anteil. Er verfolgte das Leben und Sterben im Wechsel der Jahreszeiten bei allem was grünt und blüht, kreucht und fleucht und zwar gleichgültig, ob nützlich oder schädlich, erwünscht oder unerwünscht. Dem immer einsamer werdenden und immer zurückgezogener lebenden, in Wirklichkeit sehr ernsten und nachdenklichen Klassiker des deutschen Humors war ein gepflegter Garten stets Trost und Einkehr, auch wenn er in seinen letzten Lebensjahren dort nicht mehr so Hand anlegen konnte wie gewünscht und wie bisher. Sein Neffe Otto Nöldeke, der Hausherr im Pfarrhaus von Mechtshausen, bei dem Wilhelm Busch und dessen Schwester Fanny ihren Lebensabend verbrachten, erinnert sich: „Wenn ich nebenan seine Stubentür gehen hörte, wohl zwanzigmal am Tage, erschien er gleich darauf unter meinem Fenster mit einer Feld-, Wald- und Wiesenzigarre, wie er diese gewöhnliche Sorte titulierte, bei der es genügte, wenn sie nur brannte; und nun sah ich, wie er alles untersuchte und gründlich in Augenschein nahm ... Hier stand er still, dort bückte er sich, um keimende Samen genauer zu sehen, bis er auf einer Bank unter alten Linden oder auf einem der abgesägten Obstbaumstümpfe oder auf dem eigentlichen Stammplatz in der Kirschbaumallee an dem runden steinernen Tisch sich niederließ, wo er bei schönem Wetter oft lange Zeit beobachtend, sinnend saß. Morgens nach dem ersten Gartenspaziergang meldete er dies und das in Unordnung vorgefundene, wenn ein Maulwurf an verkehrter Stelle gewühlt, wenn eine Erdratte sich unliebsam bemerkbar gemacht, und er sah es gern, wenn man da gleich Abhilfe schaffte. Denn peinliche Ordnung liebte er auch im Garten über alles."

Wilhelm Busch als Hobbygärtner – ein ungewohntes Bild unseres noch immer bedeutensten und bekanntesten deutschen Humoristen, selbst für viele Buschliebhaber und Buschkenner. Auf den folgenden Seiten haben wir eine Auswahl an Zeichnungen, Gedichten und Briefen zusammengetragen, die den genialen Erfinder so vieler lustiger Figuren einmal von einer ganz anderne und ungewohnten Seite seines Wesens zeigt. Dabei soll auch der unbekannte Busch zu Wort kommen, als fröhlicher Begleiter durch das Gartenjahr. Wir wollen über die Liebe Buschs zum Garten in Wort und Bild berichten, zur Freude, wie wir hoffen, aller Gartenbesitzer und Gartenliebhaber und aller die es werden wollen. Er war, wie sich bei näherem Besehen zeigt, nicht nur der große Spaßmacher und lustige Verseschmied, sondern ein sehr ernster und nachdenklicher, zuweilen recht verschlossener und pessimistischer Mensch, der trotz seiner vielen Reisen und seines größeren Freundes- und Bekanntenkreises, recht zurückgezogen lebte und sich gern und oft in sein Schneckenhaus und seinen Garten zurückzog. Dieser war ihm Entspannung, Besinnung und Anregung zugleich, erforderte von ihm aber auch, wie jeder Gartenbesitzer weiß, viel Arbeit und oft auch Verdruß: „Mutter Natur auf dem Land, im Garten, am

Waßer, in Wiesen und Wald, ist wie ich sie kennen gelernt, sehr wohlwollend, hat aber nebenbei auch ihre kleinen Eigenheiten. – Wer sich redlich abrackert im Weltgewurrl, dem umfängt sie mit angemeßener Kühle; wer krank, den badet sie in heilsamer Luft... Wem sie ein Gärtchen giebt und Remontant-Rosen drin, dem giebt sie auch Raupen und Blattläuse, damit er's verlernt, sich über Kleinigkeiten zu entrüsten. Und unthätige Liebe läßt sie sich nicht lange gefallen, sondern verlangt liebevolle Thätigkeit, als da ist Düngen, Graben, Pflanzen, Jäten, von Jedem, der sich um ihre intimere Gunst bewirbt."

Dr. Hans Stengel

Aus den Bildergeschichten

In freier Luft, in frischem Grün,
Da wo die bunten Blümlein blühn,
In Wiesen, Wäldern, auf der Heide,
Entfernt von jedem Wohngebäude,
Auf rein botanischem Gebiet,
Weilt jeder gern, der voll Gemüt.
Hier legt sich Bählamm auf den Rücken
Und fühlt es tief und mit Entzücken,

Nachdem er Bein und Blick erhoben:
Groß ist die Welt, besonders oben!

Wie klein dagegen und beschränkt
Zeigt sich der Ohrwurm, wenn er denkt.
Engherzig schleicht er durch das Moos,
Beseelt von dem Gedanken bloß,
Wo's dunkel sei und eng und hohl,
Denn da nur ist ihm pudelwohl.

Grad wie er wünscht und sehr gelegen
Blinkt ihm des Dichters Ohr entgegen.
In diesen wohl erwärmten Räumen,
So denkt er, kann ich selig träumen.

Doch wenn er glaubt, daß ihm hienieden
Noch weitre Wirksamkeit beschieden,
So irrt er sich. – Ein Winkelzug
Von Bählamms Bein, der fest genug,

Zerstört die Form, d. h. so ziemlich,
Die diesem Wurme eigentümlich,
Und seinem Dasein als Subjekt
Ist vorderhand ein Ziel gesteckt.
Sogleich und mit gewisser Schnelle
Vertauscht der Dichter diese Stelle
Für eine andre, mehr erhöht,
Allwo ein Bäumlein winkend steht.

Ein Vöglein zwitschert in den Zweigen;
Dem Dichter wird so schwül und eigen.
Die Stirn umsäuseln laue Lüfte;
Es zuckt der Geist im Faberstifte.

Pitschkleck! – Ein Fleck. Ein jäher Schreck. –
Erleichtert fliegt das Vöglein weg.

Indessen auch der andre Sänger
Verweilt an diesem Ort nicht länger.

Den Himmel, der noch eben blau,
Umwölkt ein ahnungsvolles Grau.
Vor Regen schützt die Scheidewand
Des Schirmes, wenn er aufgespannt.

Verquer durch Regen und Gestrüppe
Kommt Krischan mit der scharfen Hippe.

Vom Regen ist der Blick umflort,
Und richtig wird der Schirm durchbohrt.
Betrübend ist und wenig nütze
Das Paraplü mit einem Schlitze;

Doch ist noch Glück bei jedem Hieb,
Wobei der Kopf heroben blieb.
Aber braucht man, läßt der Regen nach,
Ja sowieso kein Regendach.

Und hier, begleitet von der Ziege,
Kommt Rieke über eine Stiege;

Und Bählamm, wie die Dichter sind,
Will diesem anmutsvollen Kind
Als Huldigung mit Scherz und Necken
Ein Sträußlein an den Busen stecken.

Ein Prall – ein Schall – dicht am Gesicht –

Verloren ist das Gleichgewicht.

So töricht ist der Mensch. – Er stutzt,
Schaut dämisch drein und ist verdutzt.

(Balduin Bählamm)

***

Die Nacht ist warm, die Menschen träumen,
Und leise flüstert's in den Bäumen,
Und leise schleicht der Mondenschein
In Dralles Garten sich herein. –

Von seinem Dämmerlicht beschienen,
In Gras und Blüten, summen Bienen.
Die feiern heut bei des Mais Beginn
Das Hochzeitsfest der Königin.

Schon sitzen im hohen Rosensaal
Die Königin und der Prinzgemahl.

Sie winkt – da schießet mit Getos
Der Bombardör den Böller los.

Zing, zing! Traromm! – Und auf der Stelle
Ertönen die Klänge der Hofkapelle.

Die Fliege blus Trompete,
Der Mück Klarinette,
Die Hummel die Trummel,
Der Heuschreck die Geigen;
Das gab führwahr einen lustigen Reigen. –

Schau! Holzbock, der Lange,
Ist eifrig im Gange
Mit Bienenlieschen
Auf zierlichen Füßchen –

Und da der Kleine
Mit Minchen, dem Bienchen,
Rührt auch die Beine. –
Und seht mir nur das nette Trinchen!

Da macht ja wohl Herr Schröter
Den angenehmen Schwerenöter!

Im Apfelbaum sitzt auch der Mond,
Und hat dem Feste beigewohnt. –
Nun waren da auch zwei Maienkäfer,
Recht nette Bübchen,
Doch blöde Schläfer;
Die rauchen und trinken im Nebenstübchen,

Bis daß sie im nassen Grase liegen
Und können nicht mehr nach Hause fliegen.
– Der Wächter Schuhu findet sie.
Er spricht: „Aha, das sind ja die!! –
Schon wieder mal!!“ –

Und bringt sie in sein Wachtlokal.

Der Mond, der auch nicht recht mehr munter,
Hüllt sich in Wolken und geht unter.

(Schnurrdiburr oder Die Bienen)

✻✻✻

Der Maulwurf

In seinem Garten freudevoll
Geht hier ein Gärtner namens Knoll.

Doch seine Freudigkeit vergeht,
Ein Maulwurf wühlt im Pflanzenbeet.

Schnell eilt er fort
Und holt die Hacke,
Daß er den schwarzen
Wühler packe.

Jetzt ist vor allem an der Zeit
Die listige Verschwiegenheit.

Aha! Schon hebt sich was im Beet,
Und Knoll erhebt sein Jagdgerät.

Schwupp! Da – und Knoll verfehlt das Ziel.
Die Hacke trennt sich von dem Stiel.

Das Instrument ist schnell geheilt;
Ein Nagel wird hineingekeilt.

Und wieder steht er ernst und krumm
Und schaut nach keiner Seite um.

Klabumm! – So krieg die Schwerenot!
Der Nachbar schießt die Spatzen tot.

Doch immerhin und einerlei!
Ein Flintenschuß ist schnell vorbei.

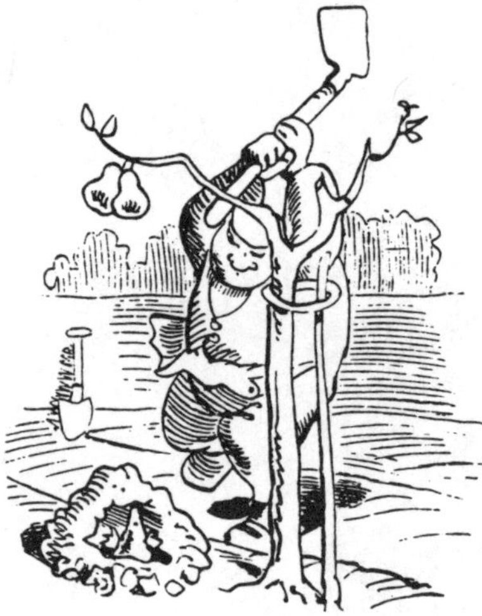

Schon wieder wühlt das Ungetier.
Wart! denkt sich Knoll. Jetzt kommen wir.

Er schwingt die Hacke voller Hast –
Radatsch! – O schöner Birnenast!

Die Hacke ärgert ihn doch sehr,
Drum holt er jetzt den Spaten her.

Nun, Alter, sei gescheit und weise
Und mache leise, leise, leise!

Schnarräng! – Da tönt ihm in das Ohr
Ein Bettelmusikantenchor.

Musik wird oft nicht schön gefunden,
Weil sie stets mit Geräusch verbunden.

Kaum ist's vorbei mit dem Trara,
So ist der Wühler wieder da.

Schnupp! dringt die Schaufel wie der Blitz
Dem Maulwurf unter seinen Sitz.

Und mit Hurra in einem Bogen
Wird er herauf ans Licht gezogen.

Aujau! Man setzt sich in den Rechen
Voll spitzer Stacheln, welche stechen.

Und Knoll zieht für den Augenblick
Sich schmerzlich in sich selbst zurück.

Schon hat der Maulwurf sich derweil
Ein Loch gescharrt in Angst und Eil.

Doch Knoll, der sich emporgerafft,
Beraubt ihn seiner Lebenskraft.

Da liegt der schwarze Bösewicht
Und wühlte gern und kann doch nicht;
Denn hinderlich, wie überall,
Ist hier der eigne Todesfall.

(Dideldum)

***

Sei mir gegrüßt, du lieber Mai,
Mit Laub und Blüten mancherlei!
Seid mir gegrüßt, ihr lieben Bienen,
Vom Morgensonnenstrahl beschienen!
Wie fliegt ihr munter ein und aus
In Imker Dralles Bienenhaus
Und seid zu dieser Morgenzeit
So früh schon voller Tätigkeit.

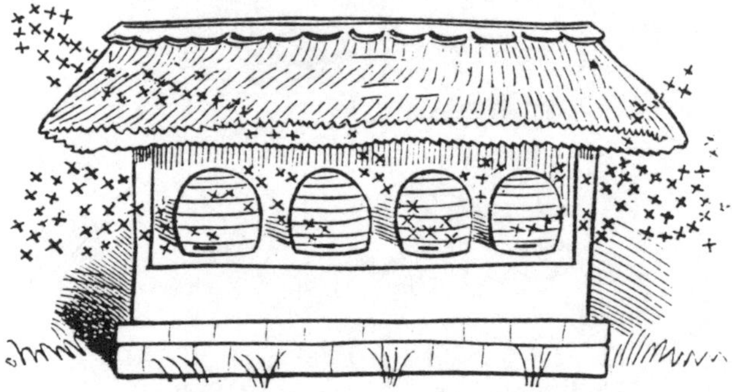

Für Diebe ist hier nichts zu machen,
Denn vor dem Tore stehn die Wachen.

Und all die wackern Handwerksleute
Die hauen, messen stillvergnügt,
Bis daß die Seite sich zur Seite
Schön sechsgeeckt zusammenfügt.

Schau! Bienenlieschen in der Frühe
Bringt Staub und Kehricht vor die Tür;
Ja! Reinlichkeit macht viele Mühe,
Doch später macht sie auch Pläsier.

Wie zärtlich sorgt die Tante Linchen
Fürs liebe kleine Wickelkind.

„Hol Wasser“, ruft sie, „liebes Minchen,
Und koch den Brei, und mach geschwind!“

Auch sieht die Zofen man, die guten,
Schon emsig hin und wider gehn;
Denn Ihre Majestät geruhten,
Höchstselbst soeben aufzustehn.

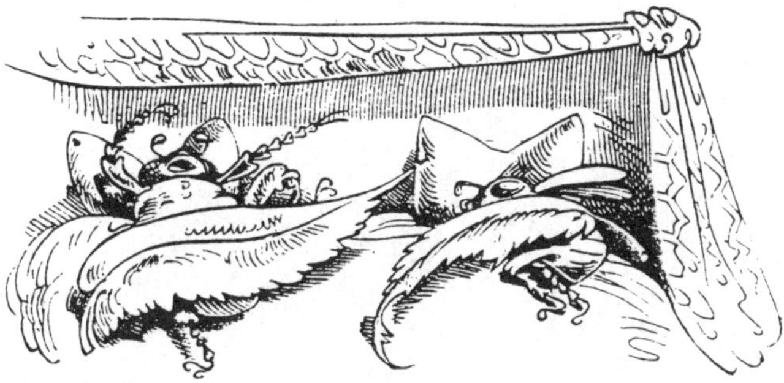

Und nur die alten Brummeldrohnen,
Gefräßig, dick und faul und dumm,
Die ganz umsonst im Hause wohnen,
Faulenzen noch im Bett herum.

„Hum!“ brummelt so ein alter Brummer,
„Was, Donner! Ist es schon so spät!?

He, Trine! Lauf einmal herummer
Und bring uns Honigbrot und Met!“ –
„Geduld“ ruft sie, „ihr alten Schlecker!“
Und fliegt zu Krokus dem Bienenbäcker. –

„Hier diese Kringel, frisch und süße“,
So lispelt Krokus, „nimm sie hin;
Doch höre, sei so gut und grüße
Aurikelchen, die Kellnerin!“

Hier steht Aurikel in der Schenke
Und zapft den Gästen das Getränke.

Als sie den Brief gelesen hat,
Da schrieb sie auf ein Rosenblatt:

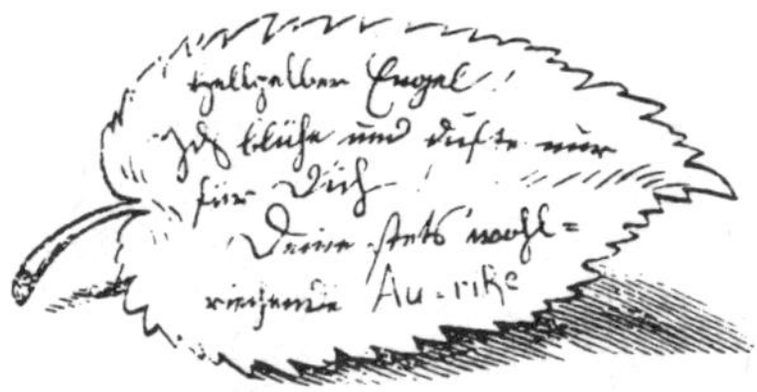

Schnell fliegt das Bienchen von Aurikel
Zu Krokus mit dem Herzartikel. –

Jetzt heim! – Denn schon mit Zorngebrumme
Rumort und knurrt die Drohnenbrut:

„Du dumme Trine! Her die Mumme! –
Wenn man nicht alles selber tut!“

(Schnurrdiburr oder Die Bienen)

✻✻✻

Siehst du wohl, da läuft sie hin
In das Beet der Nachbarin.

Kritzekratze, wehe dir,
Du geliebte Blumenzier!

Madam Kümmel will soeben
Öl auf ihre Lampe geben.
Fast wär' ihr das Herz geknickt,
Als sie in den Garten blickt.

Sie beflügelt ihren Schritt,
Und die Kanne bringt sie mit.

Zornig, aber mit Genuß,
Gibt sie jedem einen Guß;
Erst dem Plisch und dann dem Plum.
Scharf ist das Petroleum;

Und die Wirkung, die es macht,
Hat Frau Kümmel nicht bedacht.

Aber was sich nun begibt,
Macht Frau Kümmel so betrübt,
Daß sie, wie von Wahn umfächelt,
Ihre Augen schließt und lächelt.

Mit dem Seufzerhauche: „Uh!“
Stößt ihr eine Ohnmacht zu.

(Plisch und Plum)

***

Das Gartenhaus

Liebe – sagt man schön und richtig –
Ist ein Ding, was äußerst wichtig.
Nicht nur zieht man in Betracht,
Was man selber damit macht,
Nein, man ist in solchen Sachen
Auch gespannt, was andre machen. –

Allgemein von Mund zu Munde
Geht die ahnungsvolle Kunde,
Sozusagen ein Gemunkel,
Daß im Garten, wenn es dunkel,
Julchen Knopp mit Försters Fritze
Heimlich wandle oder sitze. –

Diese Sage hat vor allen
Drei Personen sehr mißfallen,
Die sich leider ganz entzweit
Durch die Eifersüchtigkeit.
Jeder hat sich vorgenommen:
Ei, da muß ich hinter kommen.

Hier schleicht Sutitt schlau heraus
Zu Herrn Knoppens Gartenhaus,
Wo das Gartenbaugerät
Wohlverwahrt und trocken steht.

Husch! Er schlüpft in das Salett,
Denn es nah sich Mickefett.

Husch! Der zögert auch nicht viel,
Denn es naht sich Klingebiel.

Husch! Auch der drückt sich hinein,
Denn hier naht im Mondenschein,
Wie wohl zu vermuten war,
Das bewußte Liebespaar.

Oh, wie peinlich muß es sein,
Wenn man so als Feind zu drein
Engbedrückt zusammen sitzt
Und vor Zorn im Dunkel schwitzt! –

Siehste wohl! Da geht es plötzlich
Rumpelpumpel, ganz entsetzlich.
Alles Gartenutensil
Mischt sich in das Kampfgewühl;

Und, rabum! Zum Überfluß
Löst sich laut der Flintenschuß.

Husch! Da schlupfen voller Schreck
Fritz und Julchen ins Versteck;
Denn schon zeigt sich in der Ferne
Vater Knopp mit der Laterne.

Knipp, der Hund, kratzt an der Tür.
Knopp, der denkt: Was hat er hier?

Starr und staunend bleibt er stehn
Mit dem Ruf: „Was muß ich sehn?“
Dann mit Fassung in den Zügen
Spricht er: „Na, ihr könnt euch kriegen!“
Jetzt kommt Mutter, jetzt kommt Tante,
Beide schon im Nachtgewande.

Oh, das war mal eine schöne
Rührende Familienszene! –

(Julchen)

***

Die Nacht verstrich. Der Morgen schummert.
Hat unser Bählamm süß geschlummert?
Kennst du das Tierlein leicht beschwingt,
Was, um die Nase schwebend, singt?
Kennst du die andern, die nicht fliegen,
Die leicht zu Fuß und schwer zu kriegen?
Betrachte Bählamm sein Gesicht.
Du weißt Bescheid, drum frage nicht.

Hier auf dem Dreifuß unter'm Flieder
Sitzt er bereits und dichtet wieder.
Der Knabe Jörg, in froher Laune,
Bemerkt ihn durch ein Loch im Zaune.

Er zieht die Nadel aus der Mütze,
Durchbohrt damit die Hakenspitze

Und hat verschmitzt auch schon begonnen
Den kleinen Scherz, den er ersonnen.

Der Dichter greift sich ins Genicke.
Mal wieder, denkt er, eine Mücke.

Er nimmt die Hand in Augenschein.
Es mußte doch wohl keine sein.

Kaum hat er dies als wahr befunden,
So kommt ein Stich direkt von unten.
Um diese Gegend zu beschützen,
Kann man das Sacktuch auch benützen.

Insoweit wäre alles gut.
O weh! Wohin entschwebt der Hut?

„Ein leichtes Kräusellüftchen!“ rief er,
Holt seinen Hut und setzt ihn tiefer.
Ganz arglos will er sich soeben
Zurück auf seinen Sitz begeben.
Doch die gewohnte Stütze mangelt.
Der Dreifuß wird hinweggeangelt.

Anstatt in den bequemen Sessel,
Setzt er sich in die scharfe Nessel.

Und hell durchblitzt ihn der Gedanke:
Es sitzt wer hinter dieser Planke!
Sehr gut in solchen Fällen ist
Bedachtsamkeit, gepaart mit List.

Verlockend und zugleich gespannt
Setzt er sich wieder vor die Wand.

Aha! Und jetzt wird zugefaßt,
Und trefflich hat er's abgepaßt;
Denn grad im Zentrum bohrte sich
Durch seine Hand der Nadelstich.

Natürlich macht ihn das nervos.
Der Jörg entfernt sich sorgenlos.

(Balduin Bählamm)

***

Zuweilen brauchet die Familie
Als Suppenkraut die Petersilie. –
Und da nun grad Christine Dralle
Heut morgen auch in diesem Falle,
So sieht man sie mit Wohlgefallen
In ihres Vaters Garten wallen. –
– Herrn Knörrjes Garten liegt daneben;
Und ach! sie denkt an Knörrje eben.
Zu Anfang schätzt sie ihn als Lehrer,
Dann aber immer mehr und mehrer;
Und also schlich die süße Pein
Sich peu à peu ins Herz hinein –
Die Liebe – meistens schmerzlich heiter –
Vergißt gar leicht die Suppenkräuter;

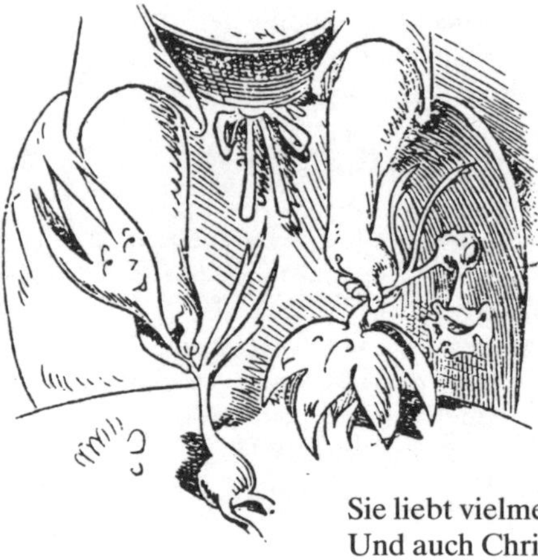

Sie liebt vielmehr die Blumenkelche,
Und auch Christine pflückt sich welche.

Aurikel – Krokus – diese Guten
Sind so vereint, eh' sie's vermuten.
Christine aber läßt sich nieder
Unterm Flieder. –

Herrn Knörrjes Neffe, der Eugen,
Hat dies mit Freuden angesehn;
Denn dieser Knab' von vierzehn Jahren,
So jung er ist und unerfahren,
Fühlt doch, obschon noch unbewußt,
Ein süßes Ahnen in der Brust. –
Behutsam schleichend, auf der Lauer,
Drückt er sich an die Gartenmauer;

Dann plötzlich macht er einen Satz,
Und – pitsch! – Christine kriegt'n Schmatz.

Und – schwapp! – da tönt's im tiefen Baß:
„Ha, Ungetüm, was ist denn das?!!"
– Herr Knörrje schlägt mit seinem Stabe,
Und tief gekränkt entflieht der Knabe.

Herr Knörrje aber faßt ans Kinn
Christinen, seiner Nachbarin.
Er hebt es leise in die Höh' –
Ach ja! Und sie errötete! –

„Hier diese Blumen, darf ich's wagen?“
Christine wagt nicht nein zu sagen.

Jetzt faßt er sanft ihr um das Mieder.
Ach ja! Und sie errötet wieder.

Und jetzt, da gibt er gar zum Schluß
Dem guten Mädchen einen Kuß.

„Ade! Und also so um zehn
Beim Bienenhaus! Auf Wiedersehn!"
Eugen, der horcht, bemerkt mit Schmerzen
Das Einverständnis dieser Herzen. –

(Schnurrdiburr oder Die Bienen)

✻✻✻

Aus dem Garten tönt Gelächter.
Piepo ist's und seine Töchter.

„Dies, mein lieber Knopp, ist Hilda.
Dort die ältre heißt Klotilda.
Hilda hat schon einen Freier,
Morgen ist Verlobungsfeier,
Doch Klotilda, ei ei ei,
Die ist noch bis dato frei." –

Oh, wie ist der Abend milde!
Knopp der wandelt mit Klotilde,

Die ihm eine Rose pflückt. –
Und er fühlt es tief beglückt:
Knoop, in diesem Augenblick,
Da erfüllt sich dein Geschick. –

(Abenteuer eines Junggesellen)

***

Das Pusterohr

Hier sitzt Herr Bartelmann im Frei'n
Und taucht sich eine Brezel ein.

Der Franz mit seinem Pusterohr
Schießt Bartelmann ans linke Ohr.

Ei Zapperment, so denkt sich der,
Das kam ja wohl von unten her.

Doch nein – denkt er –, es kann nicht sein!
Und taucht die Brezel wieder ein.

Und – witsch – getroffen ist die Brezen,
Herrn Bartelmann erfaßt Entsetzen.

Und – witsch – jetzt trifft die Kugel gar
Das Aug', das sehr empfindlich war.

So daß dem braven Bartelmann
Die Träne aus dem Auge rann.

Ei, Zapperment – so denkt sich der –,
Das kommt ja wohl von oben her! –

Aujau! Er fällt – denn mit Geblase
Schießt Franz den Pfeil ihm in die Nase.

Da denkt Herr Bartelmann, aha!
Dies spitze Ding, das kenn' ich ja!

Und freudig kommt ihm der Gedanke,
Der Franz steht hinter dieser Planke!

Und – klapp! schlägt er mit einem Topf
Das Pusterohr tief in den Kopf!

Drum schieß mit deinem Püsterich
Auf keine alten Leute nicht!

(Die kühne Müllerstochter)

***

Oft ist z. B. an den Stangen
Die Bohne schwierig zu erlangen.
Franz aber faßt die Leiter an,
Daß Lenchen ja nicht fallen kann.

Und ist sie dann da oben fertig -
Franz ist zur Hilfe gegenwärtig.
Kurzum! Es sei nun, was es sei -
Der Vetter Franz ist gern dabei.

(Die fromme Helene)

***

Gedichte und Zeichnungen

Duldsam

Des Morgens früh, sobald ich mir
Mein Pfeifchen angezündet,
Geh' ich hinaus zur Hintertür,
Die in den Garten mündet.

Besonders gern betracht' ich dann
Die Rosen, die so niedlich;
Die Blattlaus sitzt und saugt daran
So grün, so still, so friedlich.

Und doch wird sie, so still sie ist,
Der Grausamkeit zur Beute;
Der Schwebefliegen Larve frißt
Sie auf bis auf die Häute.

Schlupfwespchen, flink und klimperklein,
Sosehr die Laus sich sträube,
Sie legen doch ihr Ei hinein
Noch bei lebendgem Leibe.

Sie aber sorgt nicht nur mit Fleiß
Durch Eier für Vermehrung;
Sie kriegt auch Junge hundertweis
Als weitere Bescherung.

Sie nährt sich an dem jungen Schaft
Der Rosen, eh' sie welken;
Ameisen kommen, ihr den Saft
Sanft streichelnd abzumelken.

So seh' ich in Betriebsamkeit
Das hübsche Ungeziefer
Und rauche während dieser Zeit
Mein Pfeifchen tief und tiefer.

Daß keine Rose ohne Dorn,
Bringt mich nicht aus dem Häuschen.
Auch sag ich ohne jeden Zorn:
Kein Röschen ohne Läuschen!

(Zu guter Letzt)

Ständchen

Ein Ständchen in der Frühlingsnacht
Ist leicht gebracht.
Nur ist es fraglich, ob's gelingt,
Daß es zu Röschens Herzen dringt.

(Hernach)

W.B

Der Kohl

Unter all den hübschen Dingen
In der warmen Sommerzeit
Ist ein Korps von Schmetterlingen
Recht ergötzlich insoweit.

Bist du dann zu deinem Wohle
In den Garten hinspaziert,
Siehst du über deinem Kohle
Muntre Tänze aufgeführt.

Weiß gekleidet und behende
Flattert die vergnügte Schar,
Bis daß Lieb und Lust zu Ende
Wieder mal für dieses Jahr.

Zum getreuen Angedenken,
Auf den Blättern kreuz und quer,
Lassen sie zurück und schenken
Dir ein schönes Raupenheer.

Leidest du, daß diese Sippe
Weiterfrißt, wie sie begehrt,
Kriegst du, nebst dem Blattgerippe,
Nur noch Proben ohne Wert.

Also ist es zu empfehlen,
Lieber Freund, daß du dich bückst
Und sehr viele Raupenseelen,
Pitsch, aus ihren Häuten drückst.

Denn nur der ist wirklich weise,
Der auch in die Zukunft schaut.
Denk an deine Lieblingsspeise:
Schweinekopf mit Sauerkraut.

(Zu guter Letzt)

Die Mücken

Dich freut die warme Sonne.
Du lebst im Monat Mai.
In deiner Regentonne,
Da rührt sich allerlei.

Viel kleine Tierlein steigen
Bald auf-, bald niederwärts,
Und, was besonders eigen,
Sie atmen mit dem Sterz.

(Zu guter Letzt)

Ein Maulwurf

Die laute Welt und ihr Ergötzen,
Als eine störende Erscheinung,
Vermag der Weise nicht zu schätzen.
  Ein Maulwurf war der gleichen Meinung.
Er fand an Lärm kein Wohlgefallen,
Zog sich zurück in kühle Hallen
Und ging daselbst in seinem Fach
Stillfleißig den Geschäften nach.
  Zwar sehen konnt er da kein bissel,
Indessen sein getreuer Rüssel,
Ein Nervensitz von Zartgefühl,
Führt sicher zum erwünschten Ziel.
  Als Nahrung hat er sich erlesen
Die Leckerbissen der Chinesen,
Den Regenwurm und Engerling,
Wovon er vielfach fette fing.
  Die Folge war, was ja kein Wunder,
Sein Bäuchlein wurde täglich runder,
Und wie das häufig so der Brauch,
Der Stolz wuchs mit dem Bauche auch.
  Wohl ist er stattlich von Person
Und kleidet sich wie ein Baron,
Nur schad, ihn und sein Sammetkleid
Sah niemand in der Dunkelheit.
  So trieb ihn denn der Höhensinn
Von unten her nach oben hin,
Zehn Zoll hoch oder gar noch mehr,
Zu seines Namens Ruhm und Ehr
Gewölbte Tempel zu entwerfen,
Um denen draußen einzuschärfen,

Daß innerhalb noch einer wohne,
Der etwas kann, was nicht so ohne.
  Mit Baulichkeiten ist es mißlich.
Ob man sie schätzt, ist ungewißlich.
  Ein Mensch von anderem Kunstgeschmacke,
Ein Gärtner, kam mit einer Hacke.
  Durch kurzen Hieb nach langer Lauer
Zieht er ans Licht den Tempelbauer
Und haut so derb ihn übers Ohr,
Daß er den Lebensgeist verlor.
  Da liegt er nun, der stolze Mann.
Wer tut die letzte Ehr ihm an?
  Drei Käfer, schwarz und gelb gefleckt,
Die haben ihn mit Sand bedeckt.

(Zu guter Letzt)

Und eilt mit brennender Havanna
Zum Schimmelwirt zu der Susanna.
Hier in des Gartens Lustrevier
Trinkt er so zwei, drei, vier Glas Bier.
Daher man denn auch bald erfuhr,
Der Klecksel malt nach der Natur.

(Maler Klecksel)

Die Schnecken

Rötlich dämmert es im Westen,
Und der laute Tag verklingt,
Nur daß auf den höchsten Ästen
Lieblich noch die Drossel singt.

Jetzt in dichtbelaubten Hecken,
Wo es still verborgen blieb,
Rüstet sich das Volk der Schnecken
Für den nächtlichen Betrieb.

Tastend streckt sich ihr Gehörne.
Schwach nur ist das Augenlicht.
Dennoch schon aus weiter Ferne
Wittern sie ihr Leibgericht.

Schleimig, säumig, aber stete,
Immer auf dem nächsten Pfad,
Finden sie die Gartenbeete
Mit dem schönsten Kopfsalat.

Hier vereint zu ernsten Dingen
Bis zum Morgenschein,
Nagen sie geheim und dringen
Tief ins grüne Herz hinein.

(Zu guter Letzt)

Immer wieder

Der Winter ging, der Sommer kam.
Er bringt aufs neue wieder
Den vielbeliebten Wunderkram
Der Blumen und der Lieder.

Wie das so wechselt Jahr um Jahr,
Betracht ich fast mit Sorgen.
Was lebte, starb, was ist, es war,
Und heute wird zu morgen.

Stets muß die Bildnerin Natur
Den alten Ton benützen
In Haus und Garten, Wald und Flur
Zu ihren neuen Skizzen.

(Zu guter Letzt)

Sie war ein Blümlein hübsch und fein,
Hell aufgeblüht im Sonnenschein.
Er war ein junger Schmetterling,
Der selig an der Blume hing.
Oft kam ein Bienlein mit Gebrumm
Und nascht und säuselt da herum.
Oft kroch ein Käfer kribbelkrab
Am hübschen Blümlein auf und ab.
Ach Gott, wie das dem Schmetterling
So schmerzlich durch die Seele ging.
Doch was am meisten ihn entsetzt,
Das Allerschlimmste kam zuletzt.
Ein alter Esel fraß die ganze
Von ihm so heiß geliebte Pflanze.

(Kritik des Herzens)

Die Rose sprach zum Mägdelein:
Ich muß dir ewig dankbar sein,
Daß du mich an den Busen drückst
Und mich mit deiner Huld beglückst.

Das Mägdlein sprach: O Röslein mein,
Bild dir nur nicht zuviel drauf ein,
Daß du mit Aug und Herz entzückst.
Ich liebe dich, weil du mich schmückst.

(Kritik des Herzens)

Papa Fittig, treu und friedlich,
Mama Fittig, sehr gemütlich.

Vieloftmals denk ich stillerfreut
Der letzten schönen Frühlingszeit;
Wie da die Knopsen aufgebrochen,
Die Blumen aus der Erde krochen.
Den Pfirsich- und den Apfelbaum
Sah man vor lauter Blüthen kaum;
Und freutig summt und brummt in ihnen
Das leichtbeschwingte Volk der Bienen,
Die, diesen Herbst vor allen Dingen,
Dem Docter süßen Honig bringen.

Wie schnell wuchs da im Gartenbaum
Nanda ihr guter Birnenbaum.
Der wird nun wohl in diesen Tagen
Schon große, gelbe Birnen tragen.

Und auch die Bäumchen, welche heuer
Ganz dicht am östlichen Gemäuer
Die Letty oft und unverdroßen
Mit ihren Kännchen hat begoßen,
Die sind nun auch wohl schlank und schön
Und können über die Mauer sehn.

Am schönsten aber – wißt Ihr's noch? –
Am allerschönsten war es doch,
Wenn wir die schönen Nachmittäg,
Am Tische dort im Gartenweg,
Den Maiwein in die Gläser goßen
Und ihn dann still und unverdroßen
Mit Freudigkeit hinunterschlürften –
Wenn wir das nur bald wieder dürften!!

(an Nanda und Letty Keßler, 14. September 1870)

Rotkehlchen auf dem Zweige hupft –
wipp, wipp! –
Hat sich ein Beerlein abgezupft –
knipp, knipp! –
Läßt sich zum Bach hernieder,
tunkt's Schnäblein ein und hebt es wieder –
stipp, stipp, nipp, nipp! –
Und schwingt sich wieder in den Flieder.

Es singt und piepst ganz allerliebst –
zipp, zipp, zipp, zipp, trili! –
Sich seine Abendmelodie,
Steckt's Köpfchen dann ins Federkleid
Und schlummert bis zur Morgenzeit.

(Sechs Geschichten für Neffen und Nichten)

W. Busch
94.

Am Vorabend von Rosens Geburtstag

Lauschend am Fenster sitzt der Poet. –
Draußen die Blumen und Pflänzchen
Halten ihr Abendkränzchen
Auf dem Gartenbeet.
Der Mond in Silberlivree,
Leise geschäftig,
Kredenzt den Tau, den Blütentee,
Anregend und kräftig.
Und von Kelch zu Kelche
Geht ein Geflüster:
„Also morgen ist er!"

Frau Ehrenpreis (Veronika): Ja, morgen feiert sie
Ihren werten Entsprießungstag –

Taubnessel (mit dem Hörrohr): Hä was? Hä welche?

Frau Ehrenpreis (lauter): Drüben im Garten die schöne Frau Rose –

Taubnessel: Ah! Mit den zwei Knospen die!

Frau Ehrenpreis: Die tadel- und dornenlose.

Distel (für sich): Wer's glauben mag!

Frau Ehrenpreis: – Von Duft und Glanz umwoben.

Distel: Man weiß, man weiß!
Die gute Frau Ehrenpreis

Muß immer loben.
Und doch hat unser Röschen, das feine,
Allerlei kleine
Grillen und Räupchen
Unter dem zierlichen Häubchen.

Gänseblümchen: O wie reizend!

Diestel: Bald steht sie da so mildiglich
Und senkt die Blätter,
Bald rüttelt, schüttelt und spreizt sie sich,
Je nach dem Wetter.

Gänseblümchen: O wie reizend!

Klatschrose: Ja reizend, das wollt' ich meinen!
Drum sieht man auch häufig den Löwenzahn,
Den Rittersporn und den Baldrian
Dort wachsen und erscheinen.

Gänseblümchen: O wie reizend!

Klatschrose: Ja reizend, ganz recht!
Und dann dieser Musenknecht,
Dieser Dichter –

Distel: Der Versetrichter!

Klatschrose: Mit den langen Locken.

Distel: Mit dem Loch im Socken.

Gänseblümchen: O wie reizend!

Klatschrose: Alltäglich kläglich mit Gefühl
In ihrer Nähe
Entlockt er seinem Saitenspiel
Lieblich Getön
Und sing so schön –

Distel: Wie ’ne Mantelkrähe.

Klatschrose: Zum Beispiel, noch gestern –

Lilie (sanft): Geliebte Schwestern!

Frau Ehrenpreis: Ihr Muster der Milde!
Ihr Tugendgebilde!

Lilie: Wen sollte der festliche Tag nicht rühren!
Ich denke doch –

Levkoje, Tulpe, Päonie, Phlox: Jaja, wir alle gratulieren!

Frau Ehrenpreis: Ein Schöngeist blüht in unsrer Mitte,
Ein hochgeschickter –
Fräulein Federnelke –

Federnelke: O bitte!

Distel (für sich): Blaustrumpf, verrückter!

Frau Ehrenpreis: Federnelke, die wundersame,
So lautet ihr holder botanischer Name.

Vielleicht läßt sie sich freundlich erweichen
Und schreibt und dichtet ein Billett,
Duftend, geistvoll und nett.
Das möge dann die dienende Biene,
Unsere süße geflügelte Schleckerkathrine,
Hinschwebend im frühesten Morgenwind,
Dem hohen Geburtstagskind
Ehrfurchtsvoll sumsend überreichen.

Gänseblümchen: O wie reizend!

Federnelke (schreibt und liest):
„Veredelte Rose und Nachbarin!
Nehmet dies Brieflein gnädig hin,
Sintemalen dasselbe geschrieben
Von allerlei Pflanzen, welche Euch lieben.
Verleihe der Himmel Euer Gnaden
Beständig ein sanftes Sonnenlicht
Und frischen Tau und meinetwegen
Auch hie und da ein wenig Regen,
Nur Sturmwind nicht,
Denn dieser tut der Schönheit Schaden.
Ergebenst mit Herz und Honigmund
Das Blumenkränzchen Tugendbund."

Gänseblümchen: O wie reizend!

Federnelke: Ich denke, es macht sich so!

Alle: Bravo, bravissimo!

Mond: Noch 'n Täßchen Tee gefällig?

Levkoje: Ich trank schon drei.

Phlox: Ich fünf.

Tulpe: Ich acht.

Päonie: Mein Mieder kracht!

Alle: Gute Nacht, gute Nacht!

(Die Blumen nicken. Der Mond geht unter. Der Poet, nachdem er noch einen Blick in die Nacht hinaus gebohrt, schließt leise das Fenster).

(Schein und Sein)

Der Dornenstrauch

Es steht in Quesels Hecke
Ein Dornstrauch an der Ecke,
Und stechen tut er auch.
Ach, lieber Herr von Quesel,
Steig ab von deinem Esel,
Hau ab den Dornenstrauch.
Herr Quesel hört die Klagen
Vergnügten Angesichts.
Er spricht mit Wohlbehagen:
Ich spüre nichts!

Es wächst die krause Wolle,
Damit sie wärmen solle
Dem Schäfchen aus der Haut.
Der Dornstrauch tät es rupfen,
Da mußt es ängstlich hupfen
Und blökte gar so laut.
Herr Quesel hört sein Klagen
Vergnügten Angesichts.
Er spricht mit Wohlbehagen:
Ich spüre nichts!

Im Schmuck der neuen Hose,
Beglückt und sorgenlose
Biegt um das Eck der Fritz.
Der Dornstrauch hält ihn feste,
O weh, die Allerbeste
Kriegt einen langen Schlitz.
Herr Quesel hört sein Klagen
Vergnügten Angesichts.
Er spricht mit Wohlbehagen:
Ich spüre nichts!

Hier wandelt, emsig strickend,
Im Freien sich erquickend,
Ein Fräulein tugendsam.
Wie ist sie so erschrocken,
Als plötzlich Hut und Locken
Der Dornstrauch an sich nahm.
Herr Quesel hört ihr Klagen
Vergnügten Angesichts.
Er spricht mit Wohlbehagen:
Ich spüre nichts!

Der Esel aber bebend
Sieht hoch am Dorne schwebend
Die Locken und den Hut.
Es stutzt und bockt der Esel,
Im Dorne hängt Herr Quesel
Und hat es gar nicht gut.
Ein jeder hört sein Klagen
Vergnügten Angesichts.
Man spricht mit Wohlbehagen:
Wir spüren nichts.

Herr Quesel läuft nach Hause
Und kehrt in einem Sause
Zurück mit langer Axt.
Die Axt fängt an zu blitzen,
Herr Quesel an zu schwitzen,
Der Dornstrauch fällt und knackst.
Jetzt kann man ohne Klagen
Vergnügten Angesichts
An Quesels Ecke sagen:
Ich spüre nichts.

Doch schon besetzt ist jeder Platz
Von Leuten mit und ohne Schatz.

Aus Briefen und Selbstzeugnissen

Was weiß ich noch aus meinem dritten Jahr? Knecht Heinrich macht schöne Flöten für mich und spielt selber auf der Maultrommel, und im Garten ist das Gras fast so hoch wie ich, und die Erbsen sind noch höher, und hinter dem strohgedeckten Hause, neben den Brunnen, stand ein flacher Kübel mit Wasser, und ich sah mein Schwesterchen drin liegen, wie ein Bild unter Glas und Rahmen, und als die Mutter kam, war's kaum noch ins Leben zu bringen.

(Von mir über mich)

Des Morgens um halb sechs werden die Hühner gefüttert und der schlanke Pfau mit dem Krönchen auf und dem Gefieder von Gold und Edelstein. Das ist der Vornehmste. Er pickt nur wenige Körner; dann geht's trrrrr! und ein Fächer von tausend Liebesaugen flimmert in der Morgensonne. Das zittert und trippelt und macht mit den Flügeln! Aber die alten Hühnertanten kucken nicht hin, sondern hacken mit ihren harten knöchernen Nasen im Sande weiter. Es muß wohl ein verwunschener Prinz oder ein metamorphosirter Olympier sein; denn wenn die Frau Brückner, das kleine Waschweibchen, auf den Hof kommt, so fliegt er auf ihren Rücken und faßt sie ganz ordentlich und regelrecht beim Zopfe an. Wenn sie nur nicht nächstens das Eierlegen anfängt. Wenigstens schnattern und gackern thut diese Madam Leda genug.
Mein Bruder hat eine Küche gebaut; eine Zeit lang waren keine Fenster drin. Ein Rossteertjen – es singt immer zick zackzackzack! – und bibbert dabei mit dem Schwanze – war heimlich aus und ein geflogen und hatte sich auf einem Balken mit viel Geduld ein weiches Nest gebaut von manchem Halm und mancher Feder. Nun kömmt der böse Glasermeister und macht alles fest zu. Das giebt ein trauriges Gezwitscher in den Bäumen da draußen.

(an Maria Anderson, 27. Mai 1875)

(Rossteertjen = Rotschwänzchen)

Nun sitz' ich wieder am Fenster unsers lieben Pfarrhauses und sehe in Garten und Feld hinaus. Wie ist hier doch, derweil ich fort gewesen, die Welt so eng und voll geworden! Aus Schollen und Zweigen, die ich kahl verließ, hat sich eine Fülle von schönem Laub hervorgedrängt; das wogt und neigt sich nun im frischen Morgenwinde. Hier die Rosenbeete, die Erbsenfelder, die Obstbäume; dort die Gruppe von schlanken Pappeln, Birken mit Hängelocken und einer blühenden Akazie; und weiterhin im Wellenschlage das Ährenfeld und die graue Windmühle und über alles daher die wandernden Wolken. Das gibt ein hübsches Wechselspiel von Licht und Schatten.

(an Maria Anderson, 15. Juni 1875)

Bei uns zu Lande dagegen sitzen die Spaßvögel auf kalten Nestern. So z. Exempel hat uns der heurige Winter unter der Maske des Frühlings mal wieder recht gründlich zum Besten gehabt. Auch ich Troddel deckte natürlich die Rosen auf. Sofort über Nacht kam der eisige Ostwind daher und zerzauste sie dermaßen, daß ihnen die Ohren herunterhingen, wie alter Toback. Zum Glück besitzt all das Zeug eine inwendige Hartnäckigkeit, die, mit einigen wehleidigen Ausnahmen, auf das Schlimmste gefaßt und gerüstet ist. Die von Frost zusammengeschrumpfte Welt ist wieder voll von Laub, wie vordem; und drüber hin schleichen die grauen Wolken und begießen's. Himmelblau giebt's kaum; außer, wo ein ausnahmsweise gewaschener Bauernschurz über den Zaun herabhängt.

(an Franz von Lenbach, 15. Mai 1884)

Mutter Natur auf dem Land, im Garten, am Waßer, in Wiesen und Wald, ist, wie ich sie kennen gelernt, sehr wohlwollend, hat aber nebenbei auch ihre kleinen Eigenheiten. – Wer sich redlich abrackert im Weltgewurrl, den umfängt sie mit angemeßener Kühle; wer krank, den badet sie in heilsamer Luft... Wem sie ein Gärtchen giebt und Remontant-Rosen drin, dem giebt sie auch Raupen und Blattläuse, damit er's verlernt, sich über Kleinigkeiten zu entrüsten. Und unthätige Liebe läßt sie sich nicht lange gefallen, sondern verlangt liebevolle Thätigkeit, als da ist Düngen, Graben, Pflanzen, Jäten, von Jedem, der sich um ihre intimere Gunst bewirbt...

(an Alexander Günther, 18. Febraur 1887)

Im Übrigen fährt der Sommer fort, uns kalt und rücksichtslos zu behandeln. Er mag. Besorgnißerregendes Heu hab ich nicht liegen draußen auf der Wies; im Garten der Kohl, die eigensinnig linksspiraligen Bohnen, die in der Hauptsache unterweltlichen Moorrüben, die gleichfalls versteckt, doch mehr gesellig lebenden Kartoffeln, erweisen sich makellos. Grünes Laub hockt und flattert in Maße auf den Bäumen; dahinten herauf, in fünf, sechs Zügen übereinand, ziehn die höchst wandelbaren Wolken; ein unterhaltlicher Anblick. So spatzier ich denn (wenn's nicht zu drekket) zwischen meinen Beeten im Duft der Rosen (die der Regen verprömmelt), oder durch Feld und Wald und warte getrost, ob dieser Malefizsommer nicht doch noch anderthalb schöne Tage verschenken will. –

(an Franz von Lenbach, 28. Juli 1888)

Neulich z. B. setzte der Naturforscher, indem er zugleich mit dem Zeigefinger nach einem saftigen Kastanienbaum hinwies, auf die Lehne seines Gartenstuhles einen sogenannten Maikäfer. Dieser, munter bis zu einer Ecke marschirend, blickte stutzig in die Tiefe. „Hier ist's aus mit dem Verkehr", denkt er, kehrt um bis zur Mitte, bleibt hocken, erwägt alles mit Muße, setzt sich schließlich in Krabbeltrab und gelangt richtig an die andere Ecke. Wieder ein Malefizabgrund. „Na, denkt er, dann so werd ich gefälligst mal fliegen." Er druckt und druckt. Er hebt seine braunlackirten Frackschößе, er entfaltet die verprömmelten Unterflügel. Jetzt geht's los. Nein, doch nicht. Aber jetzt. Nein, doch nicht. Aber nu. Nein, doch nicht. Wahrhaftig. Burr! Dort schweimelt er hin, grad noch über die Gießkanne weg, rechts um die Remontantrosen, links um den Rothdorn, scharf am Zwetschenbömeken vorüber. Aaah! Da kommt verquer das langgestreckte Erbsenbeet, grad sorgsam gestiefelt, ein unendliches Wirrsal von dürrem Gezweig. Schwungvoll saust er hinein. Hupp! geht's hier. Hupp! geht's da. Surr butz! Da liegt er. Verschämt krault er zurück in die nahe hainbüchene Hecke und setzt sich bescheiden in's schattige Laub. „Nun seh ich's wohl", sprach der aufmerksame Naturforscher, „ein Vogel, ein sehr gewandter, ist der Maikewwer nicht."

(an Friedrich August von Kaulbach, 5. Juni 1889)

Hier haben letzther die Erndtewagen recht geknarrt bis spät in die Nacht. Die Leute machen eine sehr gute Erndte, wie ich höre, an Roggen. Außerdem stehen die Sommerfrüchte vorzüglich. Nur die Kartoffeln, die anfangs so trefflich schmeckten, fangen an bedenklich faul zu werden. – Die Rosen haben sich vom Raupenfraß erholt und sich in neues Grün und neue Blüthen gekleidet. Ich sprach mal bei Gärtner Wollenweber in Stadthagen vor, um mir für den Herbst noch 6 Remontanten zu bestellen. Er fing erst mit dem Oculiren an, sagte, auf's schlafende Auge sei's beßer wegen der Überwinterung. – In der Kölnischen steht eine Notiz über Rhabarber; es soll sich daraus ein ganz ausgezeichneter Wein bereiten laßen.

(an Hermann Nöldeke, Anfang August 1890)

Die Rosen treiben lustig und stoßen die alten verfreßenen Blätter ab. Von Belle Lyonnaise habe ich 7 Augen eingesetzt, aber die Stämme sind theils zu jung und theils zu alt, also hoff ich nicht viel. – Unsere Schmerzenskinder die Gurken sind doch noch sehr gut geworden. Kohl vorzüglich. Krupbohnen außergewöhnlich ergiebig. Stangenbohnen zum Theil etwas verkrümpelt. Kohlrabi, zum Theil schon gegeßen, stattlich, leider zum Bersten geneigt. Stachelbeeren, im Herbst gepflanzt, große Sorten, tragen bereits voll. Amer. Brombeeren treiben und haben getrieben, hochauf; sie sind übrigens sehr spröde und brechen bei Wind viel ab; ich muß doch nächstes Jahr für eine beßere Befestigung sorgen.

(an Hermann Nöldeke, 3. August 1891)

Unser Wetter war wundervoll sonnig. Hab gegoßen und gejätet im Garten, und wurd's mir zu heiß und hatt ich genug Sonne eingesogen, was aber gut thut, dann zog ich mich auf die stets kühle Hausflur zurück, rauchend, schreibend, zeichnend, lesend; nicht ohne ein lebhaftes Gefühl der für mich tauglichen Behaglichkeit.

Nur etwas beunruhigt war ich letzther wegen meiner sieben Familien; sechs oben in den Bäumen, eine unten in der Hecke; Staare und Grasmücken. – Die älteren Staarkinder flogen aus, schräkelten aber noch futterbedürftig in der Nähe herum, während die Nestquackelchen (große Kerle mit angehenden Baßstimmen) noch immer aus den heimathlichen Kästchen heraus guckten, wo sie, als die nunmehr Einzigen, sich breit machten und gehörig verhätscheln ließen. Auch die Grasmückchen entschlüpften dem Neste. Nun hatten die 14 Alten was zu thun; hier saß ein Junges und dort eins. Und dann die Angst von wegen der Malefizkatzen. Ein halbes Dutzend lauert und schleicht bei Tag und Nacht im Garten herum. Oft schon ganz früh weckte mich das herzbewegliche Geschrei der sorglichen Eltern. Als ich nun gar den alten schwarzen Kater im Akazienbaum dicht unter einem Kästchen überraschte, ging ich schleunig daran, um den Stamm ein Bündel Dornen zu binden. Ich nahm Stachelrosen; und da saß ich denn später in Mußestunden und bohrte und zwickte die Dornen aus den Fingern nach der Methode, die Sie damals beim Hugochen anwandten, als er den Splitter erwischt. – Jetzt ist's still geworden um's Haus herum; die jungen Vöglein sind von den Alten in die Welt eingeführt, in Wiesen und Wald. Bald aber werden sie zurück kehren zur zweiten Brut.

Wie sieht's denn aus auf der Ginnheimer Höh? Wir gerathen die Japanischen Klettergurken? (Ich hab auch vier hoffnungsvolle.) Und haben's die umgepflanzten Obstbäum bloß beim Blühen bewenden laßen, oder sitzen Früchte daran? War der Weg zuweilen hübsch heiß dahin?

(an Johanna Keßler, 9. Juni 1892)

(Hugo war ein Sohn von Johanna Keßler; auf der Ginnheimer Höhe hatte die Familie Keßler ihren Garten)

Der Sturmschabernack im Garten verwächst und wird allmählig vergeßen. Die Gurken scheinen sich ja auch etwas zu ermuntern; Tropäolum in den Töpfen schießt auf; auch ein Akazienkern, den Mutter von dir erhielt, entwickelt sich ganz flott. – Die frühen Kartoffeln haben schwarzes Laub. – Die frühen Erbsen, die sogenannten, sind gelb bis unter die Arme und in 3 Wochen, denk ich, werden wir die ersten eßen können. – Kohl steht vortrefflich; zehn Köpfe, nach der Hecke zu, sind allerdings von Denkers Hühnern verrupft und verzehrt. – Stiefmütterchen, die mir immer mehr gefallen, sollen Mitte Juli gesät und dann immer feucht gehalten werden. Ich möchte uns beiden wohl eine Aussaat dediciren unter der Bedingung, daß du sie bestellst; nicht durch einander, sondern sortirt; für 2 bis 3 Mk. etwa. Bitte, sei so gut.

(an Hermann Nöldeke, Ende Juni 1892)

Mit der Arbeit in den feuchteren Gärten ist man auch hier noch zurück. In unserm Garten sind die Erbsen und Wurzeln endlich munter heraus. Tastemäuse sind vorige Woche gepflanzt; früher schon auch zwei Reihen großer Bohnen, die ersten wieder seit langer Zeit. Mir war so, als möcht ich sie wieder. – Übrigens entwickelt sich, bei der Kühle, alles Gras mit äußerster Vorsicht. Der erste Spinat, schon lange gelaufen, kriegt erst jetzt die zweiten Blätter. Ein halb Dutzend Buchfinken war anfangs dabei, ihn ganz zu zerstören. Fäden halfen nicht; ich zog ein Netz darüber; sie gingen auch da drunter in ihrer Dummdreistigkeit; bis ich auch an den Seiten alles dicht zumachte. Sperlinge sind mißtrauischer. – Die Petersilie bemüht sich nach fünf bis sechs Wochen nun ebenfalls langsam hervor. – Die Maiblumen, obschon nicht ganz regelmäßig, zeigen ihre Spitzköpfe. – Alle Rosen sind gesund geblieben; die im Herbst gepflanzten etwas zurück gegen die andern. – Der Hopfen hat mehr als ellenlange Triebe, aber er scheut sich noch, seine Blätter zu entwickeln.

(an Hermann Nöldeke, Mai 1895)

(Tastemäuse = Frühkartoffeln)

Im Garten gedeiht dabei Alles nach Wunsch. Kohl und Kohlrabi runden sich sichtbarlich. Bohnen stehen prachtvoll. Türken und Krüper blühen bereits. Auf den Mitgenuß der letzteren hatte eine Familie von Schnecken gerechnet, große und kleine, Papa, Mama, Kinder, Onkels und Tanten. Versteckt im Buxbaum am Wege lag ihr trauliches Heim, aus dem sie abends schön schleimig schleichend in die Bohnen spatzierten. War mir nicht lieb. Hab sie alle vertodtigt. Freßsäck giebt's ohnedies grad gnug auf der Welt.

(an Grete Meyer, 6. Juli 1895)

(Türken und Krüper = Bohnensorten)

Sonne, Regen, Schloßen wechseln mit einander ab, dazwischen bläst der Wind. Vorgestern Abend wurd es sogar Sturm und Hagel. Aber sonderbar, das Barometer blieb hoch. In den lichten Augenblicken, da es nicht kalt ist, kramt ich im Garten herum; schnittcherte im Boskett, sägte Zweige von der Kastanie an Denkers Seite, harkte das Laub von dem Maiblumenbeete und den Farnkräutern, grub die Petersilienecke um und entfernte per Barte das krumme Zwetschenbäumchen hinter der Laube. Die Schneeglöckchen blühen; Tulpen, Päonien, Narzißen, auch ein paar Maiblumen, spitzen hervor. Der Nußbaum hat übervoll geblüht. Sonst dämmert nur wenig auf aus dem Winterschlaf. – An den Brombeeren sollen demnächst Stangen kommen durch Zinkdraht verbunden. Dann will Leitner noch ein Fuder Mist bringen, und dann kann's los gehn. –

(an Otto Nöldeke, 8. März 1896)

Der Anger ist herrlich grün und bunt jetzund. Die jungen Staare sind aus in die weite Welt geflogen. Zum Blühen rüsten sich die Rosen. Viel Gewürm lebt daran; aber ich laß es gewähren. Meist sieht man's erst, wenn der Knospenhals schon angenagt ist; das Köpfchen hängt schief, und aus der Blüthe wird doch nichts mehr. Auch hat ja das Ungeziefer so wie so seine Feinde. Eine winzige Schlupfwespe, sah ich, legt ihre Eier in die lebendigen Blattläuse, obgleich diese dabei gar unwillig ablehnend mit dem Bürzel wackelten.
Letzther war's immer noch kühl und viel zu trocken allhier. Die Gurken, unter die ich eigenhändig den Dünger eingrub, hab ich zweimal nachgelegt. Nach dem warmen Regen stehn sie aber tapfer in Reih und Glied.

(an Nanda Keßler, 6. Juni 1896)

Auch ich war immer daheim, grub, krautete, stocherte, handhabte die Gießkanne, besah alles, was wuchs, tagtäglich genau und bin daher mit jeder Rose, mit jedem Kohlkopf, mit jeder Gurke intim bekannt geworden. Eine etwas beschränkte Welt, so scheint's. Und doch, wenn man's recht erwägt, ist all das Zeugs, von dem jedes einzelne unendlich und unergründlich ist, nicht weniger bemerkenswerth, als Alpen und Meer, als Japan und China.

(an Johanna Keßler, 30. Juli 1896)

Anderseits möcht ich auch gern wißen, wie es in Stall und Garten aussieht. Was, zum Exempel, machen die Küken? Wir hier haben ja nur wildes Geflügel. Die jungen Schwarzdroßeln, im Epheu erbrütet, sind in die weite Welt geflogen. Und denk dir nur: sie wurden noch gefüttert, da baute die Alte schon wieder ein Nest in der alten Hainbuchenlaube. Dort sitzt sie nun geduldig auf ihren Eiern und macht den Hals lang, sobald ich nur hinsehe. Ein sogenannter Gartensänger hat sich gleichfalls angesiedelt im Gebüsch. Er spielt Flöte, Geige, Oboe, alles munter und fleißig durcheinander. Kürzlich ist er einsilbig geworden, vermuthlich, weil er, obgleich nur der Vater, doch die Kinder gefälligst mit versorgen muß. Auch die Staare, die Hänflinge und sogar die Spatzen sind stiller geworden. Nur den hellschmetternden Strophengesang des Zaunkönigs vernehm ich lustig wie immer; die Jungen, noch geschwisterlich beisammen, schlüpfen keck durch die Zweige, das kleine Steertken risch in die Höhe gerichtet. Vorgestern, in der Dämmerung, als ich ahnungslos ein beckenvoll kalten Waßers an den Hopfen plantschte, auf einmal schnirr! schwirrten gleich sechs dieser Königskinder heraus, die hier jedenfalls so recht gemüthlich übernachten wollten.

Weniger erfreulich ist manch andres Gethier. Bis dato neckten mich besonders die Schnecken, jetzt viel mehr noch die Erdratten. Kohl und Bohnen ziehen sie in die Unterwelt, und dann wühlen sie das Loch so sauber wieder zu, als ob an der Stelle nie was gewachsen wäre. (Dies Otto zum Trost!) Obendrein ist's ein gesegnetes Jahr für die Mücken, denen man das bischen Blut allenfalls gönnen könnte, wenn sie Einen nur nicht zugleich impften mit dem, was aus ihrer faulen Heimath her an ihnen hängen blieb. Nie, deucht mir, hab ich so emsig kratzen müßen wie heuer.

(an Grete Meyer, 9. Juni 1897)

(Erdratten = Wühlmäuse)

Den Frühling, den Sommer lang hab ich munter gegraben, geharkt, hab Erbsen und Bohnen gelegt, habe Kohl gepflanzt und Salat, und zugesehn, was für Manieren sie haben. Leider, das zeigt sich bald mehr und mehr, ist auch die Moral der Vegetabilien, so harmlos sie aussehn, nicht vollkommen tadellos. Das Zeug ist eigenwillig; dabei gönnt eins dem andern nichts, weder über noch unter der Erde. Und gar das Ungeziefer! Erst grollt man ihm, dann prüft man sich selbst, dann denkt man gelinder. Selbst, an den Rosen, die Malefizblattläuse – wenn ich sehe, daß ihnen ein winziges Schlupfwespchen seine Eier in die lebendigen Leiber legt, trotzdem sie unwillig ablehnend die Bürzel regen – sie können mir leid thun, beinah. –

(an Franz von Lenbach, September 1897)

Der Winter bislang war ja ungemein sanft und rücksichtsvoll. Bald Regen, bald Sonnenschein; hie und da einige naße Schneeflocken; ein vorübersausendes Graupelschauer; nur selten ein dünnes Eis.
Da lauf ich denn oft in den Garten hinaus. Denn ob auch das wonnige Erwarten des Frühlings, wie's die Jugend fühlt, mit dem Alter verschwindet, so sieht man doch immer noch neu-

gierig zu, wenn das erste niedliche Zeugs wieder aufwacht, was unter der Erdkruste geschlafen hat. – Das Arum wickelt seine grünen, schwarzgetüpfelten Düten auf; die Schneeglöckchen blühn; die Pseudonarcißen haben Knospen.
Auch die Vögel piepen schon liebevoll, haben's aber mit dem Heirathen wohl noch nicht gar so eilig, weil doch immerhin zwischen jetzt und Ostern allerlei neckisch Behinderliches paßiren könnte. Freilich, unser Schwarzdroßelpärchen (das Weibchen dunkelbraun und fett, das Männchen glänzend schwarz mit moorrübengelbem Schnabel) wird sich schwerlich dran kehren. Diese beiden hab ich stark in Verdacht, daß sie demnächst im dichtbelaubten Epheubaum hinter dem Hause ihre werthe Familie begründen.

(an Johanna Keßler, 18. Februar 1898)

Mit den Erfolgen im Garten bin ich nicht recht zufrieden. Die Hauptstörenfriede sind die Erdratten. Der Ertrag des ersten Erbsenbeetes wird wohl nur zu einer Suppe (nach Frau Nickels ihrem Rezept) langen. Im dritten (Amerikaner) haben sie die Körner in der Erde angefreßen, so daß die Saugwurzeln verkümmert sind. Im zweiten Beet, was noch am wenigsten beschädigt ist, zogen sie die Pflanzen hinunter. Einer von den Wühlern ging in Ferdinand Nickels seine Falle, und seitdem ist in diesem Bezirk nichts mehr zu spüren.
Gurken hab ich, aus Ungeduld, vier mal gelegt; jetzt kommen mehr als nöthig sind; Erdflöhe aber auch.
Die fünf Chrysantemus, die du mir besorgt hast, gedeihen vorzüglich. Den Lavendel will ich bald umpflanzen. –

(an Hermann Nöldeke, 9. Juni 1898)

Der Frühling, wenigstens ungefähr so, wie er sein soll, ist nun noch gekommen. Unsere Grünlinge, die immer Zrrrrih! oder M-rrr-ih! machen, haben sich meinem Fenster gegenüber im Zwetschenbaum ein propperes Nest gebaut. Die Alte sitzt. Sie ist hellhörig, daß sie, wenn ich nur in die Stube trete, gleich den Kopf herum dreht und mir scharf in's Auge sieht, sobald ich sie beobachte. Ihre vornehmeren und mehr musikalischen Verwandten, die Grauartschen, das Männchen mit schöner rother Brust, nisten in der kleinen Hängeakazie dicht an der Südseite des Hauses. Die schlauen Thierchen bauen früh am Morgen, ehe der menschliche Faulenzer sein Lotterbett verlaßen hat. Drum hatt ich, obgleich ich viel da herum kramte, nichts gemerkt, bis ich mal arglos geräuschvoll die Schaufel abschrappte grad unterhalb der brütenden Madam. Brrr! sauste sie heraus. – Die lustigen Staare haben letzther nur wenig flöten können, sintemalen sie alle Schnäbel voll zu thun hatten für ihre Freßsäcke von Kindern, die aber Pfingsten endlich ausgeflogen sind und jetzt ein großes Geschrichte machen in Hecken und Bäumen.
Von den Gartenvegetabilien ist nicht viel Rühmliches zu berichten. Bei der anhaltenden Kühligkeit kam alles zu langsam. Obendrein wurden die ersten Erbsen von Ratten in die Unterwelt gezogen. Einer dieser Wühler ging in die Falle. Seitdem paßirte nichts mehr. Vielleicht war's nur ein einzelner Hagestolz, der für junges Gemüse schwärmte.

(an Grete Meyer, 2. Pfingsttag 1898)

(Grauartschen = Hänflinge)

Im Garten, um unsere Hütte herum, singen und brüten die geflügelten Musikanten. Leider giebt es auch betriebsame Katzen, die überall herum schnüffeln und, wenn's irgend geht, mit ihren scharfen Krallen die kleinen Vöglein aus dem Neste häkeln. Eine alte weiße gelbgefleckte, im Winter mager und betrübt, ist von dem vielen Geflügel, wo sie sich mit mästet, jetzt glatt und neuverjüngt und fett und munter. – Außerdem sind's die Vegetabilien, die Rosen, das Gemüse, das Unkraut auch natürlich, zwischen denen ich beschaulich thätig, bald hindernd, bald fördernd, hin und her spatziere. Ich weiß nicht – grad das, was in der Erde wurzelt, zieht mich mehr an im Alter als ehedem; und diese Neigung, denk ich, kommt wohl nicht von ungefähr.

(an Johanna Keßler, 3. Juli 1898)

Auch mich, trotz der Jahre, die an den Frackschößen hängen, trägt die Zeit noch so gelind, daß es unrecht wäre, wenn ich klagen wollte. Der Frühling ist nun endlich da und zwar im vollen Schmuck. Das Alter begrüßt ihn ja nicht mehr mit der früheren Innigkeit, aber immerhin sieht man doch nicht ohne Theilnahme das erneuerte Leben, das vorläufig noch unerschöpft aus dem Schooße der hochbetagten Mutter Erde zum Lichte drängt. Statt der weißen Kirschblüthen, die bereits verweht sind, schmücken jetzt die röthlichen Apfelblüthen da droben in dichter Fülle den Garten aus. Mehrmals tagtäglich wird natürlich auch der Fortschritt des nützlichen Gemüses recht nahe besichtigt. Vom Rhabarber sind schon viel stattliche

Stengel geerndtet. Erbsen, Bohnen, Gurken warten auf Regen. Auf den Feldern draußen steht der Roggen in Ähren. Über das Grün hinweg machen sich die blauen Berge nicht übel.

(an Johanna Keßler, 18. Mai 1901)

Nach meiner Heimkehr sah das Wetter noch tagelang grämlich aus. Nun aber ist's herrlich geworden. Frühmorgens sind Wald und Feld und Garten in silbernen Nebel gehüllt, den dann die aufsteigende Sonne gar bald in blitzenden Thau verwandelt. An den Obstbäumen stehen die langen Leitern. Eine ungewöhnliche Menge von Äpfeln und Birnen wird heuer im Keller gelagert; andere, die abfielen, verwandeln sich in Saft und Gelee und sonst dergleichen. Die für Menschen und Schweinchen so wichtige Kartoffelerndte hat auch längst begonnen. Schon zieht der Dampf der Laubfeuer weit über die Gegend hin.

(an Johanna Keßler, 25. September 1901)

Unser Herbstwetter, wenn auch launenhaft, bald sonnig, bald regnerisch ungestüm, hat doch der Spätarbeit im Garten nicht weiter geschadet. Das Land ist umgegraben; Kopfkohl, Sellerie, Porree sind in bedeckter Erdgrube verwahrt; Spargel, Rhabarber, Erdbeeren werden mit Dünger belegt, die Himbeeren beschnitten und angebunden, die Obstbäume ausgesägt, abgekratzt und gekalkt, die Rasenflecke und Rosenbeete vor dem Hause zur Erneuerung „rajolt" und die Futtergestelle für die Vöglein im Winter zurecht gemacht. –

(an Johanna Keßler, 26. November 1901)

Du fragst nach unserer Thätigkeit inbetreff der Vegetabilien. Die Zwiebeln der Tulpen und Hyacinthen für den Zimmerfrühling stehen, mit Sand bedeckt, schon längst im Keller. Auch die Frankfurter Syringe ist neugepflanzt und wird allmählig angetrieben, und wenn sie blüht, kann sie mich angenehm erinnern an eine gute Freundin, von der ich sie einstmals bekommen habe. Nun werden Ranunkeln und Anemonen in die Beete gesetzt, dann die Knollen der Dalien ausgehoben, dann unter Tannenzweigen die Rosen gesichert. Noch eine andere Arbeit kommt hinterher; ein Stück im Garten ist rigolt; es sollen hundert Obstbäume, niedrige und halbhohe, darauf.

(an Nanda Keßler, 29. Oktober 1902)

Unser Frühling will uns diesmal zum besten haben. Er kam flink und lächelnd in's Land gesprungen, begleitet von Blüthen und Vogelgezwitscher. Die glänzenden Staare nahmen im Kasten Platz. Die Spatzen, denen beim Umlegen des Dachs die Löcher verpetschirt waren, bauten frechweg ihre Toddernester in die Dachrinne; als aber nach starkem Regen das Waßer sich staute davor, kriegten die gefiederten Bewohner, hoffentlich zu dauernder Belehrung, hübsch naße Popös.
Wir Gartenleute legten natürlich vertrauensvoll Erbsen. Sofort blies ein Sturm aus Nordwesten. Schnee- und Graupelschauer sausten vorbei, wie verrückt. Heut haben wir sanfte Flocken und Miesterregen.

(an Grete Meyer, 22. April 1903)

Die Zeit, die ideale, radelt weiter derweil. Neulich, als ich von Frankfurt zurück kehrte, zog noch der Dampf der letzten Kartoffelfeuer über die Gegend hin. Es waren die berühmten schönen Octobertage. Deshalb konnten auch die Gartenstücke rechts unten von der Kirschenallee hübsch trocken rigolt werden. Ferner kriegten die Obstbäume, zu Schutz und Trutz gegen das böse Geziefer, weißes Unterzeug und schwarze Leibbinden, jenes aus Kalk, dieses von Pechpapier. Allmählig aber kehrte uns der Herbst die kältere Seite zu. Erst kam Tobesturm und Regen, dann Reif. Die Rosen wurden schleunig mit Sand bedeckt. Und jetzt, sieheda, übernacht ist Schnee gefallen.

(an Grete Meyer, 28. November 1903)

Die Rosen blühen. Die Erdbeeren hängen voller saftiger Früchte. Freilich die Singvögel schweigen, nachdem sie ihre Liebesangelegenheiten für diesmal erledigt haben. Nur die Amsel flötet noch früh und spät im Wipfel des Birnbaums ihre gebrochenen Strophen, als besänne sie sich vergebens auf Lieder eines früheren Lebens. All dergleichen beachte ich noch gern – aber mehr rückwärts gekehrt – die Hand auf dem Drücker der bekannten eisernen Thür, durch die man in die unbekannte Hinterwelt geht.

(an Friedrich August Kaulbach, 1. Juli 1906)

Anhang

Zeichnungen, Texte und Gedichte aus:

Max und Moritz (1865)
Die kühne Müllerstochter: Das Pusterohr (1868)
Schnurrdiburr oder Die Bienen (1869)
Die fromme Helene (1872)
Dideldum (1874)
Kritik des Herzens (1874)
Abenteuer eines Junggesellen (1875)
Julchen (1877)
Stippstörchen (Heute: Sechs Geschichten für Neffen und Nichten, 1881)
Plisch und Plum (1882)
Balduin Bählamm (1883)
Maler Klecksel (1884)
Von mir über mich (1893)
Zu guter Letzt (1904)
Hernach (1908)
Schein und Sein (1909)

Briefempfänger

Anderson, Maria (1842–1917). In Wiesbaden lebende niederländische Schriftstellerin, mit der Wilhelm Busch in den Jahren 1875 bis 1878 einen regen und lebhaften „Gedankenaustausch" über „den platonischen Zaun" hatte. Die etwa 70 an Maria Anderson adressierten Briefe beinhalten vor allem Fragen über Philosophie, Religion und Moral.

Günther, Alexander (1832–1927). Zunächst Bankbeamter in Frankfurt am Main, später Kunstsammler in München. Lebte zeitweilig in Italien und begleitete Busch im April 1886 als „Bärenführer" durch Rom.

Kaulbach, Friedrich August von (1850–1920). Maler farbenreicher historischer Genrebilder; von 1886 bis 1891 Direktor der Münchener Kunstakademie. Freund Wilhelm Buschs aus dem Münchener Künstlerverein „Allotria".

Keßler, Johanna, geb. Kolligs (1831–1915). Frau des Frankfurter Bankiers Johann Daniel Heinrich Keßler (gest. 1891), in dessen Haus Wilhelm Busch von 1867 bis 1872 und später nochmals von 1891 bis 1907 verkehrte. Buschs Bruder Dr. phil. Otto Busch war von 1867 bis zu seinem frühen Tod im Jahre 1879 Hauslehrer bei der Familie Keßler.

Keßler, Letitia, genannt Letty (1864–1944)

Keßler, Ferdinanda, genannt Nanda (1862–1909)
Töchter von Johanna und Johann Keßler. Busch lernte sie im Jahre 1867 bei seinem ersten Besuch im Hause Keßler als Kinder kennen. Er blieb ihnen bis zu seinem Tod als „Onkel Wilhelm" freundschaftlich verbunden. An beide, später besonders an Nanda Keßler, sind viele Briefe und Briefgedichte Buschs gerichtet.

Lenbach, Franz von (1836–1904). Porträtmaler; zunächst in Weimar, dann in Rom und später in München. Busch hatte ihn 1877 im Münchener Künstlerverein „Allotria" kennengelernt. Aus dieser Begegnung wurde eine lebenslange Freundschaft.

Meyer, Margarethe (Grete, 1879–1974). Enkelin von Buschs Onkel und Erzieher Pastor Georg Kleine, einem Bruder seiner Mutter. Ihre Schwester Else heiratete später Buschs Neffen Otto, einen Sohn seiner Schwester Fanny. Sie selbst war seit 1906 mit Andreas Thomsen, einem Professor für Strafrecht in Münster, verheiratet. Einige Jahre war Grete Meyer eine besondere Vertraute von Wilhelm Busch, die es verstand, den „Onkel" in einen anmutigen und längeren Briefwechsel zu ziehen.

Nöldeke, Hermann (1860–1932)

Nöldeke, Otto (geb. 1867)
zwei der drei Söhne von Buschs Schwester Fanny (1834–1922) und Pastor Hermann Nöldeke (1805–1878) in Wiedensahl. Seit 1872 wohnte Busch bei den Nöldekes im Pfarrhaus. „Da ich sie gern habe, da sie wirklich fromm sind, so vertragen wir uns vorzüglich gut." Nach dem Tod des Schwagers übersiedelte Busch mit seiner Schwester und deren drei Söhne in das Pfarrwitwenhaus. Er überwachte und finanzierte die Erziehung der Neffen und sorgte später für deren Ausbildung. Hermann Nöldeke wurde Pfarrer in Hattdorf bei Herzberg am Harz und Otto Nöldeke Pfarrer zunächst in Hunteberg und dann in Mechtshausen bei Seesen am Harz. Dort verbrachten Busch und seine Schwester Fanny ihren Lebensabend. 1905 überreichte Busch seinem Neffen Otto als Vermächtnis das versiegelte Manuskript „Hernach", das dann noch im Todesjahr von Wilhelm Busch als Buchausgabe erschien. 75 Gedichte aus dem Nachlaß, sicher nicht alle für den Druck bestimmt, wurden von Otto Nöldeke unter dem Titel des Anfangsgedichtes „Schein und Sein" 1909 veröffentlicht. Den Brüdern Hermann, Adolf und Otto blieb Busch zeitlebens ein väterlicher Freund und stets hilfreicher Berater. In einem Erinnerungsbuch setzten die drei Brüder Nöldeke ihrem Onkel bereits anderthalb Jahre nach dessen Tode ein bleibendes Denkmal.

Bibliographie

Wilhelm Busch-Ausgaben

Schön ist's Junggeselle sein. Kneipzeitungen. Gedichte und Sinnsprüche von Wilhelm Busch. Braun & Schneider, München 1921

Wilhelm Busch. Sämtliche Werke. Acht Bände, herausgegeben von Otto Nöldeke. Verlag Braun & Schneider, München 1934

Wilhelm Busch. Werke. Historisch-kritische Gesamtausgabe in vier Bänden, herausgegeben von Friedrich Bohne. Vollmer-Verlag, Wiesbaden 1959

Wilhelm Busch. Sämtliche Briefe. Kommentierte Ausgabe in zwei Bänden, herausgegeben von Friedrich Bohne. Wilhelm Busch-Gesellschaft, Hannover 1968/69

Wilhelm Busch. Sämtliche Werke und eine Auswahl der Skizzen und Gemälde in zwei Bänden, herausgegeben von Rolf Hochhuth. C. Bertelsmann Verlag, München 1982

Wilhelm Busch. Sämtliche Bilderbogen. Mit einem Nachwort von Gert Ueding. Insel-Taschenbuch 620, Frankfurt am Main 1983

Wilhelm Busch-Literatur

Anlauf, Karl: Der Philosoph von Wiedensahl. Büchergilde Gutenberg, Berlin 1939

Ackerknecht, Erwin: Wilhelm Busch als Selbstbiograph. Fr. Bassermann Verlag, München 1949

Balzer, Hans: Wilhelm Buschs Spruchweisheiten. Greifenverlag, Rudolfstadt 1955

Balzer, Hans: Nur was wir glauben, wissen wir gewiß. Der Lebensweg des lachenden Weisen Wilhelm Busch. Evangelische Verlagsanstalt, Berlin 1958

Bohne, Friedrich: Wilhelm Busch. Leben – Werk – Schicksal. Wasmuth-Verlag, Zürich und Stuttgart 1958

Dangers, Robert: Wilhelm Busch. Sein Leben und sein Werk. Verlagsanstalt Hermann Klemm, Berlin 1930

Haage, Peter: Wilhelm Busch. Ein weises Leben. Meyster-Verlag, Wien und München 1980

Kraus, Joseph: Wilhelm Busch in Selbstzeugnissen und Bilddokumenten. Rowohlt Taschenbuch Verlag (rm 163), Reinbek bei Hamburg 1970

Lotze, Dieter P.: Wilhelm Busch. Leben und Werk. Belser-Verlag, Stuttgart und Zürich 1982
Neumann, Carl W.: Wilhelm Busch. Velhagen & Klasing, Bielefeld und Leipzig 1921
Nöldeke, Hermann, Adolf und Otto: Wilhelm Busch. Lothar Joachim Verlag, München 1909
Nöldeke, Otto und Hermann: Wilhelm-Busch-Buch. Verlagsanstalt Hermann Klemm, Berlin 1930
Pape, Walter: Wilhelm Busch. Metzler Verlag, Stuttgart 1977
Ueding, Gert: Wilhelm Busch. Das 19. Jahrhundert en miniature. Insel-Verlag, Frankfurt am Main 1977
Mitteilungen der Wilhelm-Busch-Gesellschaft (seit 1932; ab 1949 als Wilhelm-Busch-Jahrbücher)